Dirk Rauh

Wie geht's?

Tagebuch für den Beruf

Zu diesem Buch

Neue Studien belegen: Tagebuchschreiben hat positive
Auswirkungen auf die Psyche, ja sogar auf die Gesundheit. Dieses ungewöhnliche Tagebuch für den Alltag
unterstützt Sie dabei, trotz der Hektik des Tages, die für
Sie wichtigen Dinge nicht aus den Augen zu verlieren.
Schon 5 Minuten Tagebuchschreiben reichen aus, um
die positive Wirkung zu spüren – mehr Gelassenheit
und Lebensqualität.

Zum Autor

Dirk Rauh ist langjähriger Trainer und Coach. Er berät
und begleitet Mitarbeiter und Führungskräfte in Unter-
nehmen und Organisationen. Seine Konzepte fördern
die Nachhaltigkeit, Eigenverantwortung und Klarheit.
Diese Impulse gibt er auch in offenen Workshops wie
EinsichT weiter. Sein Motto nach Galileo Galilei: „Man
kann einem Menschen nichts lehren, man kann ihm nur
helfen, es in sich selbst zu entdecken".

**Jeder Tag ist wie
ein unbeschriebenes Blatt …**

Die Deutsche Nationalbibliothek verzeichnet diese Publikation in der Deutschen Nationalbibliografie, detaillierte bibliografische Daten sind im Internet über dnb.d-nb.de abrufbar.

1. Auflage 2014
© 2014 Dirk Rauh
www.dira-seminare.de
Herstellung und Verlag:
BoD – Books on Demand, Norderstedt

Umschlag, Layout und Illustrationen:
Siegfried Bütefisch, Madeleine Stöhr
Bütefisch Marketing und Kommunikation
www.buetefisch.de

Titelbild: www.123rf.com (Hugo Felix),
www.buetefisch.de
ISBN 978-373-573-967-4

… was machen Sie daraus?

WIRKUNG MAL VIER!

Sie halten ein wirksames Buch in den Händen! Natürlich nur, wenn Sie sich auf das Experiment „Tagebuchschreiben" einlassen.

Wirkung eins: Der Einfluss der Wirklichkeit!

Was ist für Sie ein perfekter Tag? Ist es ein Tag, der Ihnen alles schenkt? Ein Tag, an dem alles glatt läuft, Ihnen das Glück in den Schoß fällt? Oder kann ein perfekter Tag auch ein Tag sein, der vielleicht richtig schlecht anfängt und aus dem Sie noch etwas richtig Gutes machen? Einfach weil Sie dranbleiben, sich nicht unterkriegen lassen? Weil Sie Ihre Optionen nutzen und bewusst gestalten? Weil Sie Ihren Einfluss nutzen und Verantwortung übernehmen? Weil Sie insgeheim wissen, dass der griechische Philosoph Epiktet mit seiner Aussage zur Lebensqualität recht hat:

„Nicht die Dinge an sich beunruhigen den Menschen, sondern seine Sicht der Dinge."

Die moderne neuropsychologische Forschung bestätigt diese Aussage. Es gibt nicht „die Realität"! Es gibt nur Ihre persönliche Sicht der Dinge, Ihre subjektive WIRKlichkeit, die auf Sie wirkt. Ihre Wirklichkeit ist einzigartig, genauso wie Ihre Wahrnehmung. Beide beeinflussen Ihr Leben! Mit diesem Tagebuch kommen

Sie Ihrer Wahrnehmung, Ihrer Wirklichkeit auf die Spur. Sie werden sie besser verstehen und bewusst nutzen und als Hebel für mehr Lebensqualität und Lebensenergie einsetzen können. Beispielsweise um

- neue Kraft zu tanken und Abstand von der Hetze des Alltags zu gewinnen;
- sich weniger zu stressen und damit Ihre Motivation und Leistungsfähigkeit nachhaltig zu erhalten;
- selbst-bewusster Entscheidungen zu treffen und zu verantworten;
- jetzt die Dinge anzupacken, statt vergeblich über Vergangenes zu grübeln oder sich in Zukunftsträumen zu verlieren;
- durch Selbsterkenntnis die Kommunikation und Beziehungen zu verbessern;
- besser mit sich und Ihrer Gesundheit umzugehen.

Wirkung zwei: Sprache und Worte haben Macht und Magie!

Im Märchen öffnen „Zauberworte" Schatzkammern. Mit Worten werden gute Mächte beschworen und böse Mächte besiegt. Die Macht der Worte in unserem Alltag beeinflusst unsere Beziehungen und Meinungen sowie unseren inneren Dialog. Hier setzen wir den Hebel für nachhaltige Veränderung an! Deshalb nutzen wir im Tagebuch eine bestimmte Wortwahl, um uns unserer Macht über die individuelle Wirklichkeit bewusst zu werden. Dadurch wird Ihnen Ihre Wahrnehmung sowie Ihre Reaktion darauf bewusst. Schon Albert Einstein sagte:

„Probleme lassen sich niemals auf der Ebene des Denkens lösen, auf der sie auch entstanden sind."

Lassen Sie sich deshalb einfach auf die zunächst „verquer" klingenden Fragen dieses Tagebuches ein. Beantworten Sie an sechs Tagen in der Woche jeweils drei Fragen mit wenigen Sätzen. Reflektieren Sie am Wochenende nochmals kurz die Woche. Das ist schon alles. Lassen Sie sich 11 Wochen lang darauf ein. Mehr über die EinsichT-Sprache finden Sie unter www.EinsichT.info

Warum es genau 11 Wochen sind, erfahren Sie gleich. Sie werden merken, indem Sie diese Fragen beantworten, dass Ihnen Ihr Einfluss auf Ihre Art, Ihr Leben zu gestalten, bewusster wird. Egal, was der Alltag Ihnen bietet, Sie werden merken: Nicht nur der Tag macht etwas mit Ihnen. Auch Sie machen sich Ihren Tag, Ihre Woche, Ihre Monate, Ihr Leben. Machen Sie etwas daraus! Nutzen Sie Ihre Wirklichkeit! Wie machen Sie sich?

Wirkung drei: Tagebuchschreiben!

Tagebuchschreiben ist mehr als ein Zeitvertreib – es hat positive Auswirkungen auf Körper und Geist! Einige interessante Studien belegen den Nutzen: Der

Psychologe James Pennebaker von der University of Texas hat beispielsweise herausgefunden, dass Studenten, die an mehreren aufeinanderfolgenden Tagen jeweils 15 Minuten über ihre wichtigsten persönlichen Erfahrungen schrieben, sowohl bessere Blutwerte als auch bessere Noten hatten. Emanuelle Zech und Bernhard Rimé von der Université de Louvain fanden heraus, dass das Sprechen über ein traumatisches Erlebnis nahezu wirkungslos war, das Tagebuchschreiben dagegen eine Verbesserung von Gesundheitsproblemen, eine Steigerung des Selbstwertgefühls und Glücksempfindens zur Folge hatte. Daraus lässt sich folgender Schluss ziehen:

Sprechen und Schreiben sind in der Grundstruktur sehr verschieden. Denken kann sehr chaotisch und unstrukturiert sein. Es kann im Gespräch das Gefühl der Verwirrung noch vergrößern. Das Schreiben verlangt dagegen einen roten Faden. Diese Struktur hilft dabei, dem Geschehen einen Sinn zu vermitteln. Auf dieser Basis lassen sich leichter Lösungen finden und negative Emotionen verarbeiten.

Interessant dabei ist, dass es unnötig ist, dem Tagebuchschreiben viel Zeit zu widmen. Studien zeigen, dass es ausreicht, Themen nur anzuschneiden (deshalb nur drei Fragen, sechs Tage in der Woche) und später nochmals kurz zu reflektieren (deshalb die Reflektion am Wochenende). Fünf Minuten täglich reichen schon aus, um die Lebensqualität signifikant zu steigern! Eine weitere Studie ist in diesem Zusammenhang besonders aufschlussreich: Dr. Philippa Lally vom University College in London fand heraus, dass es im Durchschnitt 66 Tage dauert, bis sich ein neues Verhalten stabil festigt. Nun wissen Sie, warum das Tagebuch 66 Tage umfasst.

Wirkung vier: Tageszahl, Wochenzahl, 66-Tage-Zahl!

Besser oder schlechter, größer oder kleiner, leichter oder schwerer: Wir brauchen einen Maßstab, um Vergleiche zu ziehen und Wirkungen belegen zu können. So geben wir Ihnen im Tagebuch die Möglichkeit, Ihren Tag zu bewerten, wenn Sie wollen. Deshalb bewerten Sie am Ende des Tages Ihren Tag wie folgt:

In der Spalte A (Alltagsereignisse) bewerten Sie das, was Ihnen „der Tag so geboten hat" mit Zahlen von 1 bis 10. In dieser Spalte bewerten Sie ausschließlich die Qualität der Ereignisse. Vergeben Sie die Wertung 1, wenn Sie meinen, schlimmer kann es nicht kommen. Vergeben Sie die 5 für einen Tag bei dem sich Licht und Schatten die Waage halten. Die 10 vergeben Sie für einen perfekten Tag.

In der Spalte E (Einfluss) bewerten Sie das, was Sie aus diesem Tag, aus diesen Ereignissen gemacht haben. Sie bewerten Ihr bewusstes Machen, das Nutzen Ihres Potenzials, losgelöst von der Qualität der Ereignisse.

Gehen Sie bei der Vergabe der Punkte wieder gleich vor: 1 für „gar nichts aus dem Tag gemacht" bis hin zur 10 „100% meines Tagespotenzials genutzt" .

Den Wert der rechten Spalte LQ (Lebensqualität) erhalten Sie, wenn Sie den Wert der Spalte A mit dem Wert der Spalte E multiplizieren. Denn die Lebensqualität eines Tages ist das Produkt aus den Ereignissen und Ihrem Umgang damit. Sie sehen, für eine hohe LQ-Bewertung brauchen Sie keinen „perfekten Tag". Es kommt darauf an, wie Sie den Tag nutzen, was Sie daraus machen! Am Ende der Woche addieren Sie die Werte in der LQ-Spalte jedes Tages zusammen. 600 Wochenpunkte sind möglich! Wieviel Punkte „machen" Sie? Und was „macht" das mit Ihnen? Damit es noch anschaulicher wird: Das Muster einer ausgefüllten Tagebuchseite finden Sie auf der nächsten Seite.

Vielleicht wundern Sie sich über die täglich ähnlichen Fragen wie: „Was mache ich mir dadurch gebend/ nehmend? Wie möchte ich mich machen?" Hier hat es sich der Autor nicht leicht gemacht. Diese zwei einfachen Fragen halten Ihnen den Spiegel vor und machen Ihnen Ihr Wirken und Tun bewusst. Probieren Sie es aus! Denn es ist doch so: Viele Dinge machen Sie wahrscheinlich Tag für Tag, Woche für Woche, Monat für Monat, nur weil Sie es gewohnt sind! Wollen Sie das wirklich immer so machen? Durchbrechen Sie diese Muster. Agieren Sie!

Zufrieden, erfolgreich, leider Stress mit Chef

gutes Auskommen ⊕ / mehr Entfaltung ⊖

Mehr Initiative ergreifen / Gespräch mit Chef

8 7 (56)

Anerkennung von m. Kunden + Kollegen

Spaß im beruflichen Alltag / Wertschätzung

Kollegen zum Grillfest einladen! <u>Bald</u>

7 9 (63)

zu wenig daraus lernen, Ärger

zu gebend fällt mir nichts ein

nehmend: verplempere dadurch Zeit

Fehlern ins „Gesicht" sehen, mich nicht schlecht machen

2 2 (4)

Gibt mir viel ~~Sicherheit~~ Stolz

Packe mit Mut Dinge an / vielleicht wirke ich so überheblich

Ja passt (melde mich für Fortb. an!)

8 8 (64)

Sehr ~~gut~~ angenehm

Man muss geben und nehmen, jeden so nehmen wie er ist

Das mehr im Privatleben übernehmen

9 9 (81)

Diese Woche war wegen der Auseinandersetzung nicht so toll

Habe chaos kapiert und werde es anpacken

Nehme mir vor hier weiterzumachen mich zu stellen

3 8 (24) 292

56
63
4
64
81
24
292

Lebensqualität der Woche

JETZT
JETZT
JETZT

...ist schon vorbei

Wie mache ich mich mit meinem Beruf?

Was mache ich mir dadurch gebend/nehmend?

Wie möchte ich mich damit machen?

Was nutze ich, um mich beruflich zu motivieren?

Was mache ich mir dadurch gebend?

Wie möchte ich mich machen?

Wie mache ich mich mit meinen Fehlern umgehend?

Was mache ich mir dadurch gebend/nehmend?

Wie möchte ich mich machen?

Wie mache ich mir meine Kompetenz nutzend?

Was mache ich mir dadurch gebend/nehmend?

Wie möchte ich mich damit machen?

Wie mache ich mich mit meinen Kollegen?

Wozu nutze ich mein Erkenntnis?

Wie möchte ich mich damit machen?

Wie erfolgreich mache ich mir diese Woche?

Was mache ich mir dadurch gebend/nehmend?

Wie möchte ich mich damit machen?

Meine EinsichT-ige Woche vom:

*Wie mache ich
meinen Tag?*

*Wie mache
ich mich?*

Was mache ich mir diese Woche bewusst?

>

Was mache ich mir dadurch gebend?

>

Wie möchte ich mich machen?

>

Wie stelle ich sicher, dass ich mich ab jetzt so mache?

>

„Meister was soll ich tun?
Ich werde von bösen
Versuchungen verfolgt."
Darauf der Meister:
„Bist du sicher, dass es
nicht umgekehrt ist?"

Aus Japan

Meine Einsicht T-ige Woche vom:

Wie mache ich mich in die Woche startend?

Was mache ich mir dadurch gebend?

Wie möchte ich mich damit machen?

Wie zufrieden mache ich mich mit meiner Umsetzung?

Was mache ich mir dadurch gebend/nehmend?

Wie möchte ich mich damit machen?

Welche Ausrede nutze ich, um mich zurückzuhalten?

Was mache ich mich dadurch gebend/nehmend?

Wie möchte ich mich damit machen?

Welche Besprechungen mache ich mir unnötig?

Wie mache ich mich damit?

Wie möchte ich mich damit machen?

Wie zufrieden mache ich mich mit meiner Bezahlung?

Was mache ich mir dadurch gebend/nehmend?

Wie möchte ich mich machen?

Wie mache ich mir meine(n) Vorgesetzte(n)?

Was mache ich mir dadurch gebend/nehmend?

Wie möchte ich mich damit machen?

*Wie mache ich
meinen Tag?*

*Wie mache
ich mich?*

Was mache ich mir diese Woche bewusst?

>

Was mache ich mir dadurch gebend?

>

Wie möchte ich mich machen?

>

Wie stelle ich sicher, dass ich mich ab jetzt so mache?

>

vergehen

entstehen

EinsichT

Wie mache ich mich mit meiner beruflichen Zukunft?

Wozu nutze ich meine Erkenntnis?

Wie möchte ich mich damit machen?

Wie oft mache ich mir Arbeit mit nach Hause nehmend?

Was mache ich mir dadurch gebend/nehmend?

Wie möchte ich mich damit machen?

Was mache ich vor mir herschiebend?

Was mache ich mir dadurch gebend/nehmend?

Wie möchte ich mich damit machen?

Wie mache ich mich mit Fehlern anderer?

Was mache ich mir dadurch gebend/nehmend?

Wie möchte ich mich damit machen?

Wo mache ich mich kooperierend?

Was mache ich mir dadurch gebend/nehmend?

Wie möchte ich mich jetzt damit machen?

Wie mache ich mich mit den Zielen meines Unternehmens?

Was mache ich mir dadurch gebend/nehmend?

Wie möchte ich mich machen?

Meine EinsichT-ige Woche vom:

Wie mache ich meinen Tag?

Wie mache ich mich?

Was mache ich mir diese Woche bewusst?

>

Was mache ich mir dadurch gebend?

>

Wie möchte ich mich machen?

>

Wie stelle ich sicher, dass ich mich ab jetzt so mache?

>

*Wie mache ich
meinen Tag?*

*Wie mache
ich mich?*

Lebensqualität der Woche

Was mache ich mir diese Woche bewusst?

>

Was mache ich mir dadurch gebend?

>

Wie möchte ich mich machen?

>

Wie stelle ich sicher, dass ich mich ab jetzt so mache?

>

Selbstmanagement heißt sich selbst-bewusst zu führen.

04

Wie mache ich mir den Ausgleich zum Beruf?

Was mache ich mir dadurch gebend/nehmend?

Wie genau möchte ich mich damit machen?

Welche Arbeitsbereiche mache ich mich erfüllend?

Was mache ich mir dadurch gebend?

Wie möchte ich mich damit machen?

Was/wen nutze ich, um zu kritisieren?

Was bestätige ich mir dadurch?

Wie möchte ich mich damit machen?

Wie sinnvoll mache ich mir meine berufliche Tätigkeit?

Was mache ich mir dadurch gebend?

Wie möchte ich mich machen?

Für welche Ziele/Prinzipien mache ich mich kämpfend?

Wozu nutze ich meine Erkenntnis?

Wie möchte ich mich damit machen?

Wie viel meines Potenzials mache ich tatsächlich nutzend?

Was mache ich mir dadurch gebend/nehmend?

Wie möchte ich mich damit machen?

„Wird's besser?
Wird's schlimmer?"
fragt man alljährlich.
Seien wir ehrlich:
Leben ist immer
lebensgefährlich.

Erich Kästner

05

Wie mache ich mich mit meinen letzten vier Wochen?

Was mache ich mir dadurch gebend/nehmend?

Wie möchte ich mich damit machen?

Welche Frage mache ich mir heute wichtig?

Was mache ich mich dadurch erkennend?

Wie möchte ich mich damit machen?

Wie mache ich mir den Wettbewerb(er)?

Was mache ich mir dadurch gebend/nehmend?

Wie möchte ich mich damit machen?

Wie wichtig mache ich mir Lob und Anerkennung?

Was mache ich mir dadurch gebend/nehmend?

Wie möchte ich mich damit machen?

Wen mache ich mir zum Vorbild?

Was mache ich mir dadurch gebend/nehmend?

Wie möchte ich mich damit machen?

Was nutze ich, um meine Abmachungen zu brechen?

Wozu nutze ich meine Erkenntnis?

Wie möchte ich mich machen?

*Wie mache ich
meinen Tag?*

*Wie mache
ich mich?*

Lebensqualität der Woche

Was mache ich mir diese Woche bewusst?

>

Was mache ich mir dadurch gebend?

>

Wie möchte ich mich damit machen?

>

Wie stelle ich sicher, dass ich mich ab jetzt so mache?

>

06

Wie mache ich mir meine zukünftigen Berufsjahre?

Was mache ich mir dadurch gebend / nehmend?

Wie möchte ich mich damit machen?

Worüber mache ich mich immer wieder ärgernd?

Was mache ich mir dadurch gebend / nehmend?

Wie möchte ich mich damit machen?

Wie mache ich mich mit meiner Arbeitsplatzgestaltung?

Mache ich mich darin wohl fühlend?

Wie möchte ich mich damit machen?

Wen mache ich mich für sich nutzend?

Was mache ich mir dadurch gebend, das zu unterstützen?

Wie möchte ich mich damit machen?

Wo und wann mache ich mich mit anderen vergleichend?

Was mache ich mir dadurch gebend / nehmend?

Wie möchte ich mich damit machen?

Wie ehrlich mache ich mich mit meinen Antworten?

Was mache ich mir dadurch gebend?

Wie möchte ich mich damit machen?

A	×	E	=	LQ

*Wie mache ich
meinen Tag?*

*Wie mache
ich mich?*

Lebensqualität der Woche

Was mache ich mir diese Woche bewusst?

>

Wozu nutze ich meine Erkenntnis?

>

Wie möchte ich mich damit machen?

>

Wie stelle ich sicher, dass ich mich ab jetzt so mache?

>

DIE MEISTEN MENSCHEN SIND

MÖRDER!

SIE TÖTEN EINEN MENSCHEN
IN SICH SELBST

Stanislaw Jercy Lec

07

Mache ich beruflich was ich machen will?

Was mache ich mir dadurch gebend/nehmend?

Wie möchte ich mich damit machen?

Mit wem mache ich mich sympathisierend?

Was mache ich mir dadurch gebend/nehmend?

Wie möchte ich mich damit machen?

Wie mache ich mir meine Arbeitszeit?

Was mache ich mir dadurch gebend/nehmend?

Wie möchte ich mich machen?

Mit wem mache ich mich vergleichend/konkurrierend?

Was mache ich mir dadurch gebend/nehmend?

Wie möchte ich mich damit machen?

Was nutze ich, um von meinen Idealen abzukommen?

Was mache ich mir dadurch gebend/nehmend?

Wie möchte ich mich damit machen?

Wie mache ich mich mit den Unternehmenszielvorgaben?

Was mache ich mir dadurch gebend/nehmend?

Wie möchte ich mich machen?

Meine EinsichT-ige Woche vom:

*Wie mache ich
meinen Tag?*

*Wie mache
ich mich?*

Was mache ich mir diese Woche bewusst?

>

Was mache ich mir dadurch gebend?

>

Wie möchte ich mich damit machen?

>

Wie stelle ich sicher, dass ich mich ab jetzt so mache?

>

Wer Probleme mit der Zeit hat,
hat sie auch ohne sie.

08

Was nutze ich, um mich zu kritisieren?

Was mache ich mir dadurch gebend / nehmend?

Wie möchte ich mich damit machen?

Mache ich mich lebend, um zu arbeiten?

Um dadurch was zu erreichen?

Wie möchte ich mich damit machen?

Wie mache ich mir die erlebte Mitarbeiterführung?

Was mache ich mir dadurch gebend / nehmend?

Wie möchte ich mich damit machen?

Was nutze ich, um mich zu stressen?

Was mache ich mir dadurch gebend / nehmend?

Wie möchte ich mich damit machen?

Mit wem mache ich mich vernetzend?

Um mir dadurch was zu sichern?

Wie möchte ich mich damit machen?

Welche Kompromisse mache ich mir?

Was mache ich mir dadurch nehmend / gebend?

Wie möchte ich mich mit meinen Kompromissen machen?

*Wie mache ich
meinen Tag?*

*Wie mache
ich mich?*

Lebensqualität der Woche

Was mache ich mir diese Woche bewusst?

>

Was mache ich mir dadurch gebend?

>

Wie möchte ich mich damit machen?

>

Wie stelle ich sicher, dass ich mich ab jetzt so mache?

>

„Die Gegenwart ist das einzige Ding, das kein Ende hat."

Erwin Schrödinger

09

Wie zuverlässig mache ich mich mir selbst gegenüber?

Was mache ich mir dadurch gebend?

Und wie möchte ich mich damit machen?

Was nutze ich, um mich zu loben?

Was mache ich mir dadurch gebend?

Wie möchte ich mich damit machen?

Wie mache ich mir meine Entfaltung?

Was mache ich mir dadurch gebend / nehmend?

Wie möchte ich mich machen?

Welchen Titel, welche Erfahrung, mache ich mir wichtig?

Was mache ich mir dadurch gebend / nehmend?

Wie möchte ich mich damit machen?

Wie mache ich mich Energie tankend?

Was mache ich mir dadurch gebend?

Wie möchte ich mich damit machen?

Was mache ich mich weiter entwickelnd?

Was mache ich mir dadurch gebend / nehmend?

Wie möchte ich mich damit machen?

*Wie mache ich
meinen Tag?*

*Wie mache
ich mich?*

Was mache ich mir diese Woche bewusst?

>

Wozu nutze ich meine Erkenntnis?

>

Wie möchte ich mich damit machen?

>

Wie stelle ich sicher, dass ich mich ab jetzt so mache?

>

Die meisten Menschen
sind andere Menschen.

Ihre Gedanken sind
die Meinungen anderer,
ihre Leben Nachahmungen,
ihre Leidenschaften
nur Zitate.

Oskar Wilde

Und zu wem machen Sie sich?

10

Wie mache ich mir mein berufliches Umfeld?

Was mache ich mir dadurch gebend/nehmend?

Wie möchte ich mich damit machen?

Von wem mache ich mich abhängig?

Um scheinbar was zu sichern/zu erreichen?

Wie möchte ich mich damit machen?

Wofür mache ich mich heute dankbar?

Was mache ich mir dadurch gebend?

Wie möchte ich mich damit machen?

Wie viele Stunden mache ich mich pro Tag arbeitend?

Wozu nutze ich das in meinem Leben?

Wie möchte ich mich damit machen?

Wo könnte ich mich effektiver machen?

Was mache ich mir dadurch gebend/nehmend?

Wie möchte ich mich damit machen?

Wie mache ich mich „abschaltend"?

Was mache ich mir dadurch gebend?

Wie möchte ich mich damit machen?

Meine EinsichT-ige Woche vom:

*Wie mache ich
meinen Tag?*

*Wie mache
ich mich?*

Was mache ich mir diese Woche bewusst?

>

Was mache ich mir dadurch gebend?

>

Wie möchte ich mich damit machen?

>

Wie stelle ich sicher, dass ich mich ab jetzt so mache?

>

Motiv: David Hatcher's „Ludwig und Hugh"

Wenn wir ent-täuscht sind,
heißt das, dass die
Täuschung ein „Ent" hat.

Wie belohne ich mich, um meinen Erfolg zu feiern?

Was mache ich mir dadurch gebend/nehmend?

Mache ich den Aufwand dafür lohnenswert?

Was mache ich an meinem Beruf genießend?

Wozu nutze ich meine Erkenntnis?

Wie möchte ich mich damit machen?

Welchen inneren Dialog nutze ich, um mich anzutreiben?

Was mache ich mir dadurch gebend/nehmend?

Wie möchte ich mich damit machen?

Wie mache ich mich mit dem Tagebuchschreiben?

Was mache ich mir dadurch gebend?

Wie möchte ich mich damit machen?

Wie mache ich mich jetzt weiter?

Was mache ich mir dadurch gebend?

Wie möchte ich mich damit machen?

Was mache ich mir diese Woche bewusst?

Was mache ich mir dadurch gebend?

Wie möchte ich mich damit machen?

Meine EinsichT-ige Woche vom:

Wie mache ich
meinen Tag?

Wie mache
ich mich?

Was mache ich mir diese Woche bewusst?

>

Was mache ich mir dadurch gebend?

>

Wie möchte ich mich damit machen?

>

Wie stelle ich sicher, dass ich mich ab jetzt so mache?

>

Du musst das Leben nicht verstehen …

Du musst das Leben nicht verstehen,
dann wird es werden wie ein Fest.
Und lass dir jeden Tag geschehen,
so wie ein Kind im Weitergehen
von jedem Wehen
sich viele Blüten schenken lässt.

Sie aufzusammeln und zu sparen,
das kommt dem Kind nicht in den Sinn.
Es löst sie leise aus den Haaren,
drin sie so gern gefangen waren,
und hält den lieben jungen Jahren
nach neuen seine Hände hin.

Rainer Maria Rilke

Geschafft: Wie geht's nun weiter?

66 Tage haben Sie nun Tagebuch geführt und Ihre Wochen bewertet. Verschaffen Sie sich doch nun einen Überblick über Ihre Lebensqualität. Blättern Sie die Seiten nochmals durch und übertragen die Wochenwerte im grauen Kasten unten rechts am Rand in die folgende Grafik. Wie sieht Ihre Lebensqualitäts-Kurve der letzten 11 Wochen aus. Geht's besser?

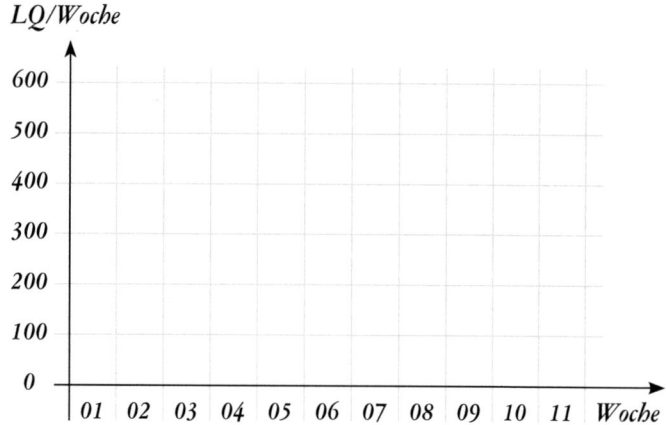

Es geht weiter. Vielleicht mit einem neuen Tagebuch zu einem anderen Lebensbereich (www.EinsichT.info), mit dem Buch „Geht's noch?" mit einem EinsichT-Seminar oder EinsichT-Coaching.

Machen Sie sich

Dirk Rauh

EINSICHT

Mach weiter!
www.EinsichT.info

DIRA GmbH & Co. KG
Gönninger Straße 61
72770 Reutlingen
Tel.: 07072 505448
Fax: 07072 505449
Handy: 0178 3475728
info@dira-seminare.de
www.dira-seminare.de